마음에 쓰는 진리의 詩
법구경 사경

도서출판
뷰티풀마인드

마음에 쓰는 진리의 詩

법구경 사경

초 판 1쇄 발행 2021년 9월 10일
개정판 2쇄 발행 2023년 9월 15일

편집·교정 김은희
펴낸곳   도서출판 뷰티풀마인드

주 소   제주특별자치도 제주시 성지로 52-1
전 화   064-726-1237
모바일   010-9822-1237

ⓒ뷰티풀마인드, 2021, Printed in Jeju, Korea
ISBN 979-11-975826-5-303220

● 출판사의 허락 없이 인용과 발췌를 금합니다.
● 본 도서의 원고와 사진에 대한 저작권은 도서출판 뷰티풀마인드에 있습니다.

차 례

1. 마음이 근본 ································· 5
2. 부지런함을 즐기면 ························· 13
3. 평화로운 마음으로 ························· 18
4. 꽃에서 찾는 진리 ························· 22
5. 어둠에서 밝음으로 ························· 28
6. 지혜로운 사람은 ························· 34
7. 절대 자유를 얻은 사람 ················· 39
8. 백 년을 살지라도 ························· 43
9. 선한 일과 악한 일 ························· 49
10. 모든 생명이 바라는 평화 ················· 54
11. 잘 늙는다는 것 ························· 60
12. 자신의 주인이 되려면 ················· 64
13. 이 세상을 살아가는 법 ················· 68
14. 부처의 삶 ································· 73
15. 참 행복은 어디에 ························· 80
16. 집착 없는 사랑 ························· 85
17. 그 마음을 이기라 ························· 90
18. 마음에 때가 묻으면 ························· 95
19. 도와 하나된 사람 ························· 103
20. 대자유에 이르는 길 ························· 109
21. 수행자가 사는 법 ························· 115
22. 지옥은 어디에 ························· 121
23. 자신을 잘 다루는 사람 ················· 126
24. 욕망을 알아차림 ························· 131
25. 대자유에 이른 사람 ························· 140
26. 그가 바로 수행자 ························· 148

1
마음이 근본

1
모든 일은 마음이 근본이다
마음에서 나와 마음으로 이루어진다
나쁜 마음을 가지고 말하거나 행동하면
괴로움이 그를 따른다
수레바퀴가 소의 발자국을 따르듯이

2
모든 일은 마음이 근본이다
마음에서 나와 마음으로 이루어진다
맑고 순수한 마음을 가지고
말하거나 행동하면
즐거움이 그를 따른다
그림자가 그 주인을 따르듯이

3

'그는 나를 욕하고 상처 입혔다
나를 이기고 내 것을 빼앗았다'
이러한 생각을 품고 있으면
미움이 가라앉지 않는다

4

'그는 나를 욕하고 상처 입혔다
나를 이기고 내 것을 빼앗았다'
이러한 생각을 품지 않으면
마침내 마음이 가라앉으리라

5

이 세상에서 원한은
원한에 의해서는 결코 사라지지 않는다
원한을 버릴 때에만 사라지나니
이것은 변치 않을 영원한 진리다

6
'우리는 이 세상에서 언젠가
죽어야 할 존재'임을 깨닫지 못하는 이가 있다
이것을 깨달으면 온갖 싸움이 사라질 것을

7
더러운 것을 깨끗하게 보고
감각의 욕망을 억제하지 않으며
먹고 마시는 일에 절제가 없고
게을러서 정진하지 않는 사람은
악마가 그를 쉽게 정복한다
바람이 연약한 나무를 넘어뜨리듯이

8
더러운 것을 더럽게 보고
감각의 욕망을 잘 억제하며
먹고 마심에 절제가 있고

굳은 신념으로 정진하는 사람은
악마도 그를 정복할 수 없다
바람이 바위산을 어찌할 수 없듯이

9
더러운 때를 버리지 못하면서
승복을 입으려고 한다면
그는 승복 입을 자격이 없다
절제와 진실이 없기 때문에

10
더러운 때를 씻어버리고
계율을 잘 지키며
절제와 진실을 지닌 사람만이
승복을 입기에 어울리는 자다

11
진실을 거짓이라 생각하고
거짓을 진실로 생각하는 사람은
이 잘못된 생각 때문에
끝내 진실에 이를 수 없다

12
진실을 진실인 줄 알고
진실 아닌 것을 아닌 줄 알면
이런 사람은 그 바른 생각 때문에
마침내 진실에 이를 수 있다

13
허술하게 덮인 지붕에
비가 새듯이
수행이 덜된 마음에는
욕망의 손길이 뻗치기 쉽다

14
잘 덮인 지붕에
비가 새지 않듯이
수행이 잘 된 마음에는
욕망이 스며들 틈이 없다

15
악한 짓을 한 사람은
이 세상과 저 세상에서 근심한다
자기 행실이 더러운 걸 보고
그는 슬퍼하고 괴로워한다

16
착한 일을 한 사람은
이 세상과 저 세상에서 기뻐한다
자기 행동이 떳떳함을 보고
그는 기뻐하고 즐거워한다

17
못된 짓을 한 사람은
이 세상과 저 세상에서 괴로워한다
'내가 못된 짓을 했구나' 하고 괴로워하고
지옥에 떨어져 거듭 괴로워한다

18
착한 일을 한 사람은
이 세상과 저 세상에서 기뻐한다
'착한 일을 했는가' 싶어 기뻐하고
좋은 세상에 가서 거듭 기뻐한다

19
아무리 경전을 많이 외울지라도
이를 실천하지 않는 방탕한 사람은
남의 소만 세고 있는 소몰이꾼일 뿐
참된 수행자의 대열에 들 수 없다

20
경전을 조금밖에 외울 수 없더라도
진리대로 실천하고
욕망과 분노와 어리석음에서 벗어나
바른 지혜와 해탈을 얻고
이 세상과 저 세상에 매이지 않는 이는
진실한 수행자의 대열에 들 수 있다

2
부지런함을 즐기면

21
부지런함은 생명의 길이요
게으름은 죽음의 길이다
부지런한 사람은 죽지 않지만
게으른 사람은 죽은 것과 마찬가지다

22
이 이치를 똑똑히 알아
그것을 실천하는 사람은
게으르지 않음을 기뻐하고
성인의 경지를 즐기리라

23
이와 같이 지혜로운 자는
생각을 깊이 하고 참을성 있고
항상 부지런히 수행하여
마음의 대자유에 이르리라

24
부지런히 수행하고 깊이 생각하고
말과 행동이 맑고 신중하며
스스로 억제하고 진리대로 사는
근면한 사람은 그 이름이 빛난다

25
항상 힘써 게으르지 않고
스스로를 자제할 줄 아는
지혜 있는 사람은
홍수로도 밀어낼 수 없는
섬을 쌓는 것과 같다

26
어리석어 지혜가 없는 사람은
게으름과 방종에 빠지고
생각이 깊은 사람은
부지런함을 가보처럼 지킨다

27
게으름에 빠지지 말라
육체의 즐거움을 가까이하지 말라
게으르지 않고 생각이 깊은 사람만
큰 즐거움을 얻게 되리라

28
지혜로운 이가 부지런해서
게으름을 물리칠 때는
지혜의 높은 다락에 올라
근심하는 무리들을 내려다본다
마치 산 위에 오른 사람이
지상에 있는 사람들을 내려다보듯이

29
게으른 무리 중에서 부지런하고
잠든 사람 가운데서 깨어있는 현자는
빨리 뛰는 말이 느린 말을 앞지르듯이
앞으로 앞으로 나아간다

30
인드라 신은 부지런하여
신들 가운데서 으뜸이 되었다
부지런함은 항상 찬탄을 받고
게으름은 비난을 받는 법이다

31
부지런함을 즐기고
게으름을 두려워하는 수행자는
크고 작은 온갖 속박을
불같이 태우면서 나아간다

32

부지런함을 즐기고
게으름을 두려워하는 수행자는
어느새 대자유의 경지에 이르러
결코 물러나는 일이 없다

3
평화로운 마음으로

33

마음은 들떠 흔들리기 쉽고
지키기 어렵고 억제하기 어렵다
지혜로운 사람은 마음 갖기를
활 만드는 사람이 화살을 곧게 하듯 한다

34

물에서 잡혀 나와
땅바닥에 던져진 물고기처럼
이 마음은 파닥거린다
악마의 손아귀에서 벗어나기 위해

35
붙잡기 어렵고 경솔하고
욕망을 따라 헤매는 마음을
억제하는 것은 좋은 일이다
억제된 마음이 평화를 가져오기 때문에

36
알아보기 어렵고 아주 미묘하고
욕망에 따라 흔들리는 마음을
지혜로운 이는 지켜야 한다
잘 지켜진 마음이 평화를 가져오기 때문에

37
홀로 멀리 가며
자취도 없이 가슴속에 숨어든
이 마음을 억제하는 사람은
죽음의 굴레에서 벗어나리라

38

마음이 안정되지 않고
바른 진리를 모르며
믿음이 흔들리는 사람에게
지혜는 완성될 기약이 없다

39

마음이 번뇌에 물들지 않고
생각이 흔들리지 않으며
선악을 초월하여 깨어있는 사람에게는
그 어떤 두려움도 없다

40

이 몸은 물항아리처럼 깨지기 쉬운 줄 알고
이 마음을 성곽처럼 굳게 하고
지혜의 무기로 악마와 싸우라
싸워 얻은 것을 지키면서 계속 정진하라

41
아, 이 몸은 머지않아
땅 위에 누우리라
의식을 잃고 쓸모없는 나무토막처럼
버려져 뒹굴 것이다

42
적과 적이 서로 겨루고
원수끼리 물고 뜯으며 싸운다한들
못된 마음이 저지르는 해로움보다는
그래도 그 영향이 적을 것이다

43
어머니나 아버지
또는 어느 친척이 베푸는 선보다도
바른 진리를 향한 마음이
우리에게 더욱 큰 선을 베푼다

4
꽃에서 찾는 진리

44
누가 이 대지를 정복할 수 있을까
누가 천상과 지옥을 정복할 수 있을까
그 누가 감동적인 법문 엮기를
솜씨 있는 이가 고운 꽃을 꾸미듯 할까

45
참된 수행자는 이 대지를 정복하고
천상과 지옥을 정복할 수 있다
진실한 수행자만이 진리의 말씀을
엮을 수 있다
솜씨 있는 이가 고운 꽃을 꾸미듯이

46
이 몸은 물거품 같고
아지랑이 같다고 깨달은 사람은
악마의 꽃화살을 꺾어버리고
저승의 염라왕과도 만나지 않으리라

47
꽃을 꺾는 일에만 팔려
제정신을 차리지 못한 사람은
죽음의 신이 앗아간다
잠든 마을을 홍수가 휩쓸어가듯이

48
꽃을 꺾는 일에만 팔려
마음에 끈질긴 집착을 가지고
욕망에 빠져 허덕이는 사람은
마침내 죽음의 악마에게 정복당한다

49
꽃의 향기와 빛깔을 다치지 않고
꿀만을 따가는 꿀벌처럼
지혜로운 자는 그와 같이
마을에서 마을로 걸식을 해야 한다

50
남의 허물을 보지 말라
남이 했건 말았건 상관하지 말라
다만 나 자신이 저지른 허물과
게으름만을 보라

51
아무리 사랑스럽고 빛이 고울지라도
향기 없는 꽃이 있는 것처럼
실천이 따르지 않는 사람의 말은
표현은 그럴싸해도 알맹이가 없다

52
사랑스럽고 빛이 아름다우면서
은은한 향기를 내뿜는 꽃이 있듯이
실천이 따르는 사람의 말은
그 메아리가 크게 울린다

53
쌓아 올린 꽃무더기에서
많은 꽃다발을 만들 수 있듯이
사람으로 태어났을 때
착한 일을 많이 해야 한다

54
꽃향기는 바람을 거스르지 못한다
전단도 타가라도 자스민도 마찬가지
그러나 덕이 있는 사람의 향기는
바람을 거슬러 사방에 풍긴다

55
전단과 타가라와 푸른 연꽃
그리고 바시키 등
여러 가지 향기가 있지만
덕행의 향기가 가장 뛰어나다

56
타가라나 전단의 향기는
오히려 미미해서 대단치 않다
덕행이 있는 사람의 향기는 최상의 것
하늘의 신들에게까지 퍼진다

57
덕행을 온전히 지니고
게으름없이 부지런하고
바른 지혜로 해탈한 사람은
악마도 가까이하지 못한다

58
한길 가에 버려진
쓰레기 더미 속에서도
은은하게 향기를 뿜으며
연꽃이 피어오르듯이

59
버려진 쓰레기처럼
눈먼 중생들 속에 있으면서도
바르게 깨달은 사람의 제자는
지혜로써 찬란히 빛나리라

5
어둠에서 밝음으로

60
잠 못 이루는 사람에게 밤은 길고
지쳐있는 나그네에게는 지척도 천리
바른 진리를 깨닫지 못한 자에게는
윤회의 밤길이 아득하여라

61
나그네 길에서 자기보다 뛰어나거나
비슷한 사람을 만나지 못했거든
차라리 혼자서 갈 것이지
어리석은 자와는 길벗이 되지 말라

62

'내 자식이다' '내 재산이다' 하면서
어리석은 사람은 괴로워한다
제 몸도 자기 것이 아닌데
어찌 자식과 재산이 제 것일까

63

어리석은 자가 어리석은 줄 알면
그만큼 그는 지혜롭다
그러나 어리석으면서 지혜롭다고 한다면
그는 참으로 어리석은 사람이다

64

어리석은 자는 한평생을 두고
어진 사람을 가까이 섬길지라도
참다운 진리를 깨닫지 못한다
마치 숟가락이 국 맛을 모르듯이

65
지혜로운 사람은 잠깐이라도
어진 이를 가까이 섬기면
곧 진리를 깨닫는다
혀가 국 맛을 알듯이

66
지혜가 없는 어리석은 사람은
자신에게 원수처럼 행동한다
고통스러운 결과를 불러들일
몹쓸 행동을 하면서

67
스스로 저지른 뒤에야
뉘우치거나 눈물을 흘리면서
그 대가를 치른다면
이런 행동은 옳지 않다

68

스스로 행동한 뒤에
후회하지 않고
즐거워 웃을 수 있는
이런 행동은 잘한 것이다

69

어리석은 자는 나쁜 짓을 하고 나서도
그 결과가 나타나기 전에는 꿀같이 생각한다
불행한 결과가 눈앞에 닥쳐오면
그제야 비로소 뉘우치고 괴로워한다

70

어리석은 사람은 형식만을 따라
몇 달이고 금욕 고행을 한다
그러나 그 공덕은 참된 진리를 생각하는 사람의
16분의 1에도 미치지 못한다

71
못된 짓을 할지라도 새로 짜낸 우유처럼
그 업이 그 자리에서 곧 굳어지지는 않는다
그러나 그 업은 재에 덮인 불씨처럼
두고두고 타면서 그의 뒤를 따른다

72
어리석은 자에게는 어떤 생각이 떠올라도
그다지 도움이 되지 않는다
그 생각이 도리어 그의 머리를 어지럽히고
그의 행운을 가로막기 때문이다

73
어리석은 자는 헛된 명성을 바란다
수행자들 사이에서는 윗자리를
승단에서는 다스리는 권력을
남의 집에 가서는 돈과 먹을 것을 바란다

74

'일반 신자나 출가한 스님들이나
이 일을 한 것은 나라고 생각하라
그들은 해야 할 일과 하지 말아야 할 일
무엇이나 내 뜻에 따라야 한다'
이와 같이 말함은 어리석은 자의 생각이다
그는 욕심과 자만이 점점 커진다

75

여기 두 길이 있으니
하나는 이익을 추구하는 길이요
하나는 대자유에 이르는 길이다
부처의 제자인 수행자들은 이 이치를 깨달아
남의 존경을 기뻐하지 말라
오직 외로운 길 가기에 전념하라

6
지혜로운 사람은

76
내 허물을 지적하고 꾸짖어 주는
지혜로운 사람을 만났거든 그를 따르라
그는 감추어진 보물을 찾아준
고마운 분이니 그를 따르라
그런 사람을 따르면 좋은 일만 있을 뿐
나쁜 일은 결코 없으리

77
남은 훈계하고 가르쳐 깨우치라
사람들을 옳지 못함으로부터 구하라
이와 같은 사람을 선한 이는 사랑하고
악한 이는 미워할 것이다

78
나쁜 벗과 사귀지 말라
저속한 무리들과도 어울리지 말라
착한 벗과 기꺼이 사귀고
지혜로운 이를 가까이 섬기라

79
진리를 음료수로 삼는 사람은
맑은 마음으로 편안히 잠들 것이다
지혜로운 사람은 늘 즐긴다
성인들이 말씀한 그 진리를

80
물 대는 사람은 물을 끌어들이고
활 만드는 사람은 화살을 곧게 한다
목수는 재목을 다듬고
지혜로운 사람은 자기 자신을 다룬다

81
큰 바위가 그 어떤 바람에도
끄떡하지 않는 것처럼
지혜로운 사람은 비난에도 칭찬에도
흔들리지 않는다

82
깊은 못은 맑고 고요해
물결에 흐려지지 않는 것처럼
지혜로운 사람은 진리를 듣고
마음이 저절로 깨끗해진다

83
현명한 사람은 어디서나 집착을 버리고
쾌락을 찾아 헛수고를 하지 않는다
즐거움을 만나거나 괴로움을 만나거나
지혜로운 사람은 흔들리지 않는다

84

자기를 위해서나 남을 위해서나
자손과 재산과 토지를 바라지 말라
부정한 방법으로 부자 되기를 바라지 말라
덕행과 지혜로써 떳떳한 사람이 돼라

85

그 많은 사람 가운데
생의 저쪽 기슭에 이른 이는 아주 드물다
대개의 사람들은 이쪽 기슭에서
갈팡질팡 헤매고 있을 뿐이다

86

진리가 바르게 말해졌을 때
그 이치에 따른 사람은
건너기 어려운 죽음의 강을 건너
머지않아 저쪽 기슭에 이르리라

87
지혜로운 사람은 어둠을 등지고
밝음을 찾아 나서야 한다
어둠의 집을 떠나 출가하여
고독 속에서 기쁨을 찾으라

88
번뇌를 물리칠 좋은 약을 구하라
지혜로운 사람은 욕망을 버리고
아무 것도 가진 것 없이
마음의 때를 씻어 자신을 맑히라

89
깨달음을 얻기 위한 방법으로
마음을 바르게 닦고
집착을 끊고 소유욕 버리고
항상 편안하고 즐거우며
번뇌가 사라져 빛나는 사람은
이 세상에서 이미 대자유의 경지에
이른 것이다

7
절대 자유를 얻은 사람

90
이미 이 세상의 여행을 마치고
근심과 걱정을 떠나
모든 속박을 끊고 자유를 얻은 사람
그에게는 털끝만 한 고뇌도 없다

91
바르게 생각하는 사람은 출가하여
집에 머무는 것을 좋아하지 않는다
호수를 등지고 떠나는 백조처럼
그들은 이 집과 저 집을 버린다

92
재산을 모아두지 않고
검소하게 먹는
그런 사람이 깨달은 경지는
텅 비어 아무 흔적도 없기 때문에
허공을 나는 새의 자취처럼
알아보기 어렵다

93
잡념이란 잡념은 모두 끊어버리고
먹고 입음에 구애받지 않는
그런 사람이 깨달은 경지는
텅 비어 아무 흔적도 없기 때문에
허공을 나는 새의 자취처럼
알아보기 어렵다

94

잘 길들인 말처럼
모든 감각이 잔잔하고
자만과 번뇌를 끊어버린 사람은
신들까지도 그를 부러워한다

95

대지와 같이 너그럽고
문지방처럼 의무를 다하고
흙탕이 없는 호수처럼 맑은
그 같은 사람에게 윤회는 없다

96

바른 지혜로 깨달음을 얻어
절대 평화에 이른 사람은
마음이 잔잔하게 가라앉고
말과 행동도 고요하다

97
그릇된 믿음 없이 절대를 깨달아
윤회의 줄을 끊어버리고
온갖 유혹을 물리치고 욕망을 버린 사람
그는 참으로 뛰어난 사람이다

98
마을이나 숲이나
골짜기나 평지나
깨달음을 얻은 이가 사는 곳이라면
어디이거나 그곳은 즐겁다

99
사람들이 없는 숲속은 즐겁다
집착을 버린 이들은
세상 사람들이 즐거워하지 않는 곳에서
즐거워한다
그들은 감각적인 쾌락을
추구하지 않기 때문에

8
백 년을 살지라도

100
쓸모없는 말을 엮어
늘어놓는 천 마디보다
들으면 마음이 가라앉는 한 마디가
훨씬 뛰어난 말이다

101
쓸모없는 구절을 모아
엮어놓은 천 편의 시보다
들으면 마음이 가라앉는 한 편의 시가
훨씬 뛰어난 시다

102
쓸모없는 구절로 이루어진
백 편의 시를 읊기보다
들으면 마음이 가라앉는 한 편의 시가
훨씬 뛰어난 것이다

103
전쟁터에서 싸워
백만인을 이기기보다
자기 자신을 이기는 사람이
가장 뛰어난 승리자다

104
자기 자신을 이기는 일은
남을 이기는 일보다 뛰어난 것
그러니 자신을 억제하고
항상 절제하는 사람이 돼라

105
이와 같은 사람의 승리는
그 누구도 꺾어 물리칠 수 없다
음악의 신도 악마도
또한 세상을 창조한 최고신이라 할지라도

106
백 년 동안 다달이 천 번씩
제사를 지내기보다
단 한순간이라도 진정한 수행자를
돕는 것이 뛰어난 일이다

107
숲속에서 백 년 동안
불의 신에게 제사를 지내기보다는
단 한순간이라도 진정한 수행자를
돕는 것이 뛰어난 일이다

108
이 세상에서 복을 받기 위해
일 년 내내 희생을 바쳐 제사 지내도
그 공덕은 진정한 수행자를 돕는
4분의 1에도 미치지 못한다

109
항상 남을 존중하고
윗사람을 섬기는 사람에게는
아름다움과 편안함과 건강과 장수
이 네 가지 복이 더욱 자란다

110
비록 백 년을 살지라도
행실이 나쁘고 마음이 어지럽다면
마음의 고요를 지니고 덕행을 쌓으면서
하루를 사는 것만 못하다

111
비록 백 년을 살지라도
어리석어 마음이 흐트러져 있다면
지혜롭고 마음의 고요를 지닌 사람이
단 하루를 사는 것에 미치지 못한다

112
비록 백 년을 살지라도
게으르고 정진하지 않는다면
부지런히 노력하며 사는
그 하루가 훨씬 낫다

113
비록 백 년을 살지라도
삶과 죽음의 도리를 모른다면
그 같은 도리를 알고 사는
그 하루가 훨씬 낫다

114
비록 백 년을 살지라도
절대 평화에 이르는 길을 모른다면
그 같은 길을 알고 사는
그 하루가 훨씬 낫다

115
비록 백 년을 살지라도
최상의 진리를 모른다면
그 같은 진리를 알고 사는
그 하루가 훨씬 낫다

9
선한 일과 악한 일

116

선한 일은 서둘러 행하고
악한 일에는 마음을 멀리하라
선한 일을 하는 데 게으르면
그의 마음은 벌써 악을 즐기고 있다

117

누가 만일 악한 일을 저질렀다면
두 번 다시 되풀이하지 말라
그 일을 즐겁게 여기지 말라
악한 일을 쌓는 것은 괴로움이다

118
누가 만일 선한 일을 했다면
항상 그 일을 되풀이하라
그 일을 즐겁게 여기라
선한 일을 쌓는 것은 즐거움이다

119
악의 열매가 맺히기 전에는
악한 자도 복을 만난다
그러나 악의 열매가 익었을 때
악한 자는 재난을 당한다

120
선의 열매가 맺히기 전에는
선한 이도 이따금 화를 만난다
그러나 선의 열매가 익었을 때
선한 사람은 복을 받는다

121
'내게는 업보가 닥치지 않으리라'고
악을 가볍게 여기지 말라
방울물이 고여서 항아리를 채우나니
작은 악이 쌓여서 큰 죄악이 된다

122
'내게는 업보가 오지 않으리라'고
선을 가볍게 여기지 말라
방울물이 고여서 항아리를 채우나니
조금씩 쌓인 선이 큰 선을 이룬다

123
많은 재물을 가진 상인이
동행이 적으면 위험한 길을 피하듯
더 살려고 하는 사람이 독을 피하듯
모든 악행을 피해야 된다

124

손에 상처가 없다면
독을 손으로 만질 수 있으리라
상처가 없으면 해독을 입지 않듯이
악을 행하지 않으면 악이 미칠 수 없다

125

순진한 사람을 속이고
깨끗하고 때 물지 않은 이를 해친다면
악은 도리어 어리석은 자에게 돌아간다
마치 바람을 향해 던진 먼지처럼

126

어떤 사람은 모태에 다시 들어가고
악인은 지옥으로 떨어지고
착한 이는 천상으로 올라가고
번뇌가 없는 이는 절대 평화에 들어간다

127
허공 중에서도 바다 가운데서도
또는 산 속 동굴에 들어갈지라도
악업의 갚음에서 벗어날
그런 장소는 어디에도 없다

128
허공 중에서도 바다 가운데서도
또는 산 속 동굴에 들어갈지라도
거기 머물러 죽음에서 벗어날
그런 장소는 어디에도 없다

10
모든 생명이 바라는 평화

129
모든 것은 폭력을 두려워하고
죽음을 두려워한다
이 이치를 자기 몸에 견주어
남을 죽이거나 죽게 하지 말라

130
모든 것은 폭력을 두려워하고
평화로운 삶을 사랑한다
이 이치를 자기 몸에 견주어
남을 죽이거나 죽게 하지 말라

131
모든 생명은 평화를 바라는데
폭력으로 이들을 해치는 자는
자신의 평화를 구할지라도
뒷세상의 평화는 얻지 못한다

132
모든 생명은 평화를 바란다
폭력으로 이들을 해치지 않고
그 속에서 자신의 평화를 구하면
뒷세상의 평화를 얻게 되리라

133
거친 말을 하지 말라
가는 말이 고와야 오는 말이 곱다
분노의 말은 고통이 된다
그 보복이 자신에게 돌아온다

134
그대가 깨진 종처럼
묵묵해서 말이 없다면
그대는 이미 절대 평화에 도달한 것
성내거나 꾸짖을 일이 사라졌기 때문이다

135
소 치는 사람이 채찍을 들고
소를 몰아 목장으로 데리고 가듯
늙음과 죽음은 쉬지 않고
우리들의 목숨을 몰고 간다

136
그러나 어리석은 자는 악한 짓을 하고도
스스로 그것을 깨닫지 못한다
자기가 지은 업의 불길에
제 몸을 태우면서 괴로워한다

137
죄 없는 순진한 사람을
폭력으로 해치는 자
다음 열 가지 중에서
어느 갚음을 받게 되리라

138
견디기 어려운 심한 고통
보기 흉한 늙음
육체적인 상처와 무서운 질병
그리고 미쳐 날뛰는 정신착란

139
권력으로부터 입는 재앙
지독한 모함
일가친척의 멸망
재산의 손실을 가져온다

140
또는 불이 그의 집을 태우니
이것이 열 가지 갚음이다
어리석은 자는 이와 같이
죽은 다음 지옥으로 떨어진다

141
나체의 고행과 소라처럼 틀어 올린 머리
몸에 재를 바르고 단식을 하고
이슬 내린 땅에 눕고 먼지를 뒤집어쓰고
또는 웅크리고 앉아 꼼짝하지 않는
이와 같은 갖가지 고행도
망상을 끊지 못한 자를 맑게 할 수는 없다

142
몸의 치장이야 어떠하든
평온한 마음으로 행동을 삼가고
육체의 욕망을 끊고 산목숨을 해치지 않으면
그가 곧 수행자요 수도승이다

143
누가 이 세상에서
스스로 겸손하고 잘 참는 사람일까
그는 아무에게도 비난받지 않으리라
좋은 말은 채찍을 받지 않듯이

144
채찍을 아는 좋은 말처럼
부지런히 힘써 수도하라
믿음과 계율과 정진으로
정신을 모으고 진리를 찾아
지혜와 덕행을 갖추고
깊은 생각으로 고통에서 벗어나라

145
물 대는 사람은 물을 끌어들이고
활 만드는 사람은 화살을 곧게 한다
목수는 재목을 다듬고
덕망이 있는 사람은 자기 자신을 다룬다

11
잘 늙는다는 것

146
무엇을 웃고 무엇을 기뻐하랴
세상은 끊임없이 불타고 있는데
그대는 암흑에 둘러싸인 채
어찌하여 등불을 찾지 않는가

147
보라, 이 꾸며놓은 몸뚱이를
육신은 상처 덩어리에 불과한 것
병치레는 끊일 새 없고, 욕망에 타오르고
단단하지도 영원하지도 못한 껍데기

148
이 몸은 늙어서 시들고
터지기 쉬운 질병의 주머니
썩은 육신은 마디마디 흩어지고
삶은 반드시 죽음으로 끝난다

149
목숨이 다해 정신이 떠나면
가을 들녘에 버려진 표주박
살은 썩고 흰 뼈다귀만 뒹굴 텐데
무엇을 기뻐할 것인가

150
뼈로서 성곽을 이루고
살과 피로 포장이 되었다
그 안에 늙음과 죽음
자만과 거짓이 도사리고 있다

151
화려한 왕의 수레도 닳아 없어지고
이 몸도 그와 같이 늙어버리지만
선한 이의 가르침은 시들지 않는다
선한 사람들끼리 진리를 말하므로

152
배움이 적은 사람은
황소처럼 늙어간다
육신의 살은 찌지만
그의 지혜는 자라지 않는다

153
이 집 지은 이를 찾아
이리 기웃 저리 기웃하였지만
찾지 못한 채 여러 생을 보냈다
생존은 어느 것이나 괴로움이었다

154
집을 지은 이여
이제 그대를 알게 되었다
그대는 또다시 집을 짓지 않으리
기둥은 부서지고 서까래는 내려앉았다
마음은 만물에서 떠나고
육체의 욕망은 말끔히 씻어 버렸으니

155
젊었을 때 수행하지 않고
정신적인 재산을 모아두지 못한 사람은
고기 없는 못가의 늙은 백로처럼
쓸쓸히 죽어갈 것이다

156
젊었을 때 수행하지 않고
정신적인 재산을 모아두지 못한 사람은
부러진 활처럼 쓰러져 누워
부질없이 지난날을 탄식하리라

12
자신의 주인이 되려면

157
자기를 사랑할 줄 안다면
자신을 잘 지켜야한다
지혜로운 사람은 밤의 세 때 중
한번쯤은 깨어있어야 한다

158
먼저 자기 자신을 바로 갖추고
그런 다음에 남을 가르치라
이와 같이 하는 지혜로운 이는
괴로워할 일이 없으리라

159
남을 가르치듯 스스로 행한다면
그 자신을 잘 다룰 수 있고
남도 잘 다스리게 될 것이다
자신을 다루기란 참으로 어렵다

160
자기야말로 자신의 주인
어떤 주인이 따로 있으랴
자기를 잘 다룰 때
얻기 힘든 주인을 얻은 것이다

161
내가 저지른 죄악은
바로 내게서 일어난 것
금강석이 여의주를 부숴버리듯
어리석은 자를 부숴버린다

162
성질이 아주 포악한 자는
칡덩굴이 큰 나무를 휘감아
말라죽기를 기다리듯이
원수의 소원대로 저절로 파멸하고 만다

163
악한 일은 자신에게 해를 끼치지만
그 일은 저지르기 쉽다
착한 일은 자신에게 평화를 가져오지만
그 일은 행하기가 어렵다

164
진리에 따라 살아가는 성자의 가르침을
좁은 생각으로 비난하는 바보들은
열매가 여물면 저절로 말라죽는
카타카 풀처럼 스스로 파멸한다

165
내가 악행을 하면 스스로 더러워지고
내가 선행을 하면 스스로 깨끗해진다
그러니 깨끗하고 더러움은 내게 달린 것
아무도 나를 깨끗하게 해줄 수 없다

166
아무리 남을 위한 중요한 일이라 해도
자신의 의무를 소홀히 말라
자기가 해야 할 일임을 알고
그 일에 항상 최선을 다하라

13
이 세상을 살아가는 법

167
비열한 짓을 하지 말라
게으름을 피우며 건들거리지 말라
그릇된 견해에 따르지 말라
이 세상의 근심거리를 만들지 말라

168
떨치고 일어나라
게으름 피우지 말라
선행의 도리를 직접 실천하라
진리에 따라 행동하는 사람은
이 세상과 저 세상에서 편히 잠든다

169
떳떳한 행동을 하라
나쁜 행동을 하지 말라
진리에 따라 행동하는 사람은
이 세상과 저 세상에서 편히 잠든다

170
물거품처럼 세상을 보라
아지랑이처럼 세상을 보라
이와 같이 세상을 보는 사람은
죽음의 왕도 그를 보지 못한다

171
자, 이 세상을 한번 보라
왕의 수레처럼 잘 꾸며진 이 세상을
어리석은 자는 그 속에 빠지지만
지혜로운 이는 거기에 집착하지 않는다

172
이전에는 게을렀더라도
지금 게으르지 않다면
그는 이 세상을 비추리라
구름을 벗어난 달처럼

173
어쩌다가 못된 짓을 했더라도
착한 행동으로 덮어버린다면
그는 이 세상을 비추리라
구름을 벗어난 달처럼

174
이 세상은 깜깜한 암흑
여기서 분명하게 가려보는 이는 드물다
그물에서 벗어난 새가 드물듯이
천상에 오르는 사람 지극히 적다

175
백조는 태양의 길을 가고
신통력이 있는 이는 허공을 난다
지혜로운 이는 악마와 그 무리를 물리치고
이 세상을 벗어난다

176
오직 하나인 진리를 어기고
함부로 거짓말을 하고
오는 세상을 믿지 않는 사람은
어떠한 악이라도 범하고 만다

177
욕심 많은 사람은 천상에 갈 수 없다
어리석은 자는 베푸는 것을 좋아하지 않는다
그러나 지혜로운 이는 베풀기를 좋아하므로
저 세상에서 복을 누린다

178

온 천하를 통치하는 것보다
세상에 다시 태어나는 것보다도
온 세계의 왕의 자리보다
열반에 이르는 것이 낫다

14
부처의 삶

179
부처의 승리는 깨뜨릴 수 없고
아무도 그의 승리에 미칠 수 없다
부처의 경지는 넓어서 끝이 없고
자취를 남기지 않는다
그 누가 어떤 도로써
유혹하거나 인도할 수 있을 것인가

180
그물처럼 뒤얽힌 욕망조차
어디에서도 그를 유혹할 수 없고
그 행동에 다함이 없고
자취도 없는 부처를
그 누가 어떤 도로써
유혹하거나 인도할 수 있을 것인가

181
깨달음을 얻어 깊이 생각하고
명상에 전념하는 지혜로운 이는
이 세상에서 떠나 고요를 즐긴다
신들도 그를 부러워한다

182
사람으로 태어나기 어렵고
죽을 사람 남은 목숨 보존하기 어려우며
바른 가르침을 듣기도 어렵지만
깨달은 사람의 출현은 더욱 어려운 일

183
악한 일을 하지 말고
선한 일을 널리 행해
마음을 깨끗이 하라
이것이 모든 부처님들의 가르침이다

184
참고 견딤은 최상의 고행
대자유에 이르는 것이 가장 뛰어나다고
모든 깨달은 사람들은 한결같이 말한다
남을 해치는 이는 출가자가 아니고
남을 괴롭히는 이는 수행자가 아니다

185
남을 헐뜯지 말고 상처 입히지 말며
계율을 지키고 음식을 절제하며
홀로 한가히 앉아 사색에 전념하라
이것이 깨달은 이의 가르침이다

186
황금이 소나기처럼 쏟아질지라도
사람의 욕망을 다 채울 수는 없다
욕망에는 짧은 쾌락에
많은 고통이 따른다

187

지혜로운 이는 그와 같이 알고
천상의 쾌락도 기뻐하지 않는다
바르게 깨달은 이의 제자는
욕망이 다 없어짐을 기뻐한다

188

공포에 쫓긴 사람들은
산과 숲속으로 들어가
동산과 나무와 사당에 제사하며
의지할 곳을 찾는다

189

그러나 그곳은 안전하게 의지할 곳도
가장 좋은 곳도 아니다
그런 곳을 찾은 후에도
온갖 고통에서 벗어날 수는 없다

190
부처와 가르침과 승단에
의지할 곳을 찾은 사람은
바른 지혜를 가지고
네 가지 거룩한 진리를 본다

191
괴로움과 괴로움이 일어난 원인과
괴로움을 없애는 것과
괴로움을 없애는 데 이르는
여덟 가지 바른 길이 있다

192
이것만이 안전하고
뛰어난 의지할 곳
이런 의지할 곳을 얻은 후에야
모든 괴로움에서 벗어나리

193
부처는 만나기 어렵다
아무 데서나 태어나지 않기 때문에
이 같은 성자가 태어난 집안은
영원히 평화롭고 번창할 것이다

194
깨달은 이의 출현은 즐겁고
바른 설법을 듣기도 즐겁다
승단의 화합도 즐겁고
화합한 사람들의 수행도 즐겁다

195
사람들이 공양할 만한 분
이미 허망한 논쟁에서 벗어나
걱정 근심을 초월한 부처
부처의 제자를 공양하는 일

196

아무것도 두려워하지 않고
마음의 평화를 누리는 사람들에게
공양하는 그 공덕은
누구도 헤아릴 수 없으리

15
참 행복은 어디에

197
원한을 품은 사람들 가운데 있으면서
원한을 버리고 즐겁게 살자
원한을 가진 사람들 속에서라도
원한에서 벗어나 살자

198
고뇌하는 사람들 가운데 있으면서
고뇌에서 벗어나 즐겁게 살자
고뇌하는 사람들 속에서라도
고뇌에서 벗어나 살자

199
탐욕이 있는 사람들 가운데 있으면서
탐욕에서 벗어나 즐겁게 살자
탐욕이 있는 사람들 속에서라도
탐욕에서 벗어나 살자

200
아무것도 가진 것 없이
크게 즐기면서 살자
우리는 광음천의 신들처럼
즐거움을 먹으며 살자

201
승리는 원한을 낳고
패자는 괴로워 누워있다
마음의 고요를 얻은 사람은
승패를 버리고 즐겁게 산다

202
육체의 욕망과 같은 불길은 없고
도박에서 졌다 할지라도
증오와 같은 불운은 없다
한때의 인연으로 이루어진
이 몸과 같은 괴로움은 없고
마음의 고요보다 더한 평화는 없다

203
굶주림은 가장 큰 병이고
이 몸은 가장 큰 괴로움이다
이 이치를 있는 그대로 안다면
거기 대자유의 평화로움이 있다

204
건강은 가장 큰 이익이고
만족은 가장 큰 재산이다
믿고 의지함은 가장 귀한 친구
대자유는 최고의 평화이다

205
고독의 맛과 마음의 평화를
직접 체험한 사람은
명상의 기쁨을 맛보면서
두려움 없이 악에서 떠난다

206
성인들과의 만남은 좋은 일이다
함께 살게 되면 항상 즐겁다
어리석은 자를 만나지 않으면
마음은 늘 편안하고 즐겁다

207
어리석은 자와 함께 길을 가는 사람에겐
오래도록 근심이 따른다
어리석은 자와 함께 사는 것은
원수와 같이 사는 것처럼 고통스럽다
지혜로운 사람과 함께 살면
친척들의 모임처럼 즐겁기만 하다

208

그러므로 달이 천체의 궤도를 따르듯이
지혜롭고 널리 배우고
잘 참고 믿음 있고 거룩한
이런 선인과 선지식을 따르라

16
집착 없는 사랑

209
잡념에 빠져 명상에 전념하지 못하고
뜻있는 일을 버리고
쾌락만을 따르는 사람은
명상에 잠긴 이를 부러워한다

210
사랑하는 사람과 만나지 말라
미운 사람과도 만나지 말라
사랑하는 사람은 못 만나 괴롭고
미운 사람은 만나서 괴롭다

211
그러므로 사랑하는 사람을
애써 만들지 말라
사랑하는 사람을 잃는 것은 커다란 불행
사랑도 미움도 없는 사람은 얽매임이 없다

212
사랑에서 근심이 생기고
사랑에서 두려움이 생긴다
사랑에서 벗어난 이는 근심이 없는데
어찌 두려움이 있겠는가

213
애정에서 근심이 생기고
애정에서 두려움이 생긴다
애정에서 벗어난 이는 근심이 없는데
어찌 두려움이 있겠는가

214
쾌락에서 근심이 생기고
쾌락에서 두려움이 생긴다
쾌락에서 벗어난 이는 근심이 없는데
어찌 두려움이 있겠는가

215
욕정에서 근심이 생기고
욕정에서 두려움이 생긴다
욕정에서 벗어난 이는 근심이 없는데
어찌 두려움이 있겠는가

216
헛된 집착에서 근심이 생기고
헛된 집착에서 두려움이 생긴다
헛된 집착에서 벗어난 이는 근심이 없는데
어찌 두려움이 있겠는가

217
덕과 지혜를 갖추어
바르게 행동하고 진실을 말하고
자기 의무를 다하는 사람은
이웃에게 사랑을 받는다

218
말로 다할 수 없는 경지에 이르고자 하고
생각이 깊고
온갖 욕망에서 벗어난 이를
'생사의 흐름을 거슬러 가는 이'라 부른다

219
오랜 세월 타향으로 떠돌다가
무사히 고향에 돌아온 사람을
친척과 친구들은
반갑게 맞아들인다

220
이와 같이 착한 일 하고
이 세상에서 저 세상으로 가는 사람은
선한 보상으로 환영 받는다
사랑하는 사람이 들어온 것을 반기듯이

17
그 마음을 이기라

221
성냄을 버리라 자만을 버리라
그 어떤 속박에서도 초월하라
이름과 모양에 집착이 없고 가진 것 없으면
그는 고뇌에 쫓기지 않는다

222
달리는 수레를 멈추게 하듯
끓어오르는 분노를 다스리는 이를
나는 진짜 마부라고 부른다
다른 사람은 고삐만을 쥐고 있을 뿐이다

223

부드러운 마음으로 성냄을 이기라
착한 일로 악을 이기라
베푸는 일로서 인색함을 이기라
진실로써 거짓을 이기라

224

진실을 말하라 성내지 말라
가진 것이 적더라도
누가 와서 원하거든 선뜻 내어주라
이 세 가지 덕으로 그대는 신들 곁으로 간다

225

산 목숨을 죽이지 않고
항상 육신을 억제하는 성자는
불멸의 경지에 이른다
거기에 이르면 근심이 없다

226
사람이 항상 깨어있고
밤낮으로 부지런히 배우고
절대 자유를 추구하고자 한다면
온갖 번뇌는 저절로 사라지리라

227
이것은 예전부터 말해온 것이고
지금 새삼스레 시작된 것이 아니다
사람들은 침묵을 지켜도 비난을 하고
말을 많이 해도 비난을 하며
조금만 말해도 비난을 한다
이 세상에서 비난받지 않을 사람은 없다

228
비난만을 받는 사람도
칭찬만을 듣는 사람도
이 세상에는 없다
과거에도 현재에도 없고
미래에도 없으리라

229
만일 어떤 성인이 날마다 살피면서
'이 사람은 현명하여 행동에 결점이 없고
지혜와 덕을 갖추고 있다'
이와 같이 칭찬을 한다면

230
누가 그를 비난하겠는가
그는 잠부강의 순금으로 만든
금화 같은 존재
여러 신들도 그를 칭찬하고
세상을 창조한 최고신도
그를 칭찬할 것이다

231
몸의 성냄을 막고
몸을 억제하라
몸의 악행을 버리고
몸으로써 선을 행하라

232
말의 성냄을 막고
말을 삼가라
말의 악행을 버리고
말로써 선을 행하라

233
마음의 성냄을 막고
마음을 억제하라
마음의 악행을 버리고
마음으로써 선을 행하라

234
지혜로운 이는 몸을 억제하고
말을 삼가고
마음을 억제한다
이와 같이 그는 자신을 잘 지키고 있다

18
마음에 때가 물으면

235
그대는 이제 시든 낙엽
염라왕의 사자도 그대 곁에 와 있다
그대는 죽음의 길목에 서 있다
그런데 그대에게는 노자마저 없구나

236
그러므로 자신의 의지할 곳을 만들라
부지런히 수행하여 지혜로워져라
더러움을 씻고 죄에서 벗어나면
천상의 성지로 올라가리라

237
그대는 생애의 종점에 다달았다
그대는 이미 염라왕 앞에 와 있다
도중에 쉴 곳도 없는데
그대에게는 노자마저 없구나

238
그러므로 자신의 의지할 곳을 만들라
부지런히 수행하여 지혜로워져라
더러움을 씻고 죄에서 벗어나면
다시 삶과 늙음이 다가서지 못하리라

239
지혜로운 사람은
차례차례 조금씩
자기 때를 벗긴다
은세공이 은에 물은 때를 벗기듯이

240
쇠에서 생긴 녹이
쇠에서 나서 쇠를 먹어 들어가듯
방탕한 자는 자기 행위 때문에
스스로 지옥으로 걸어간다

241
독경하지 않으면 경전이 때 묻고
수리하지 않으면 집이 때 물으며
옷차림을 게을리 하면 용모가 때 묻고
멋대로 행동하면 수행자가 때 묻는다

242
부정한 짓은 부녀자의 때
인색은 베푸는 이의 때
악덕은 참으로
이 세상과 저 세상의 때다

243
그러나 이 더러운 때 중에서도
가장 더러운 때는 마음의 어둠이니
수행자들이여, 이 더러운 때를 씻어
때가 없는 맑은 사람이 돼라

244
얼굴이 두꺼워 수치를 모르고
뻔뻔스럽고 어리석고 무모하고
마음이 때 묻은 사람에게
인생은 살아가기 어렵다

245
수치를 알고 항상 깨끗함을 생각하고
집착을 떠나 조심성 많고
진리를 보고 조촐히 지내는 사람으로
살아가기는 정말 힘들다

246
산 목숨을 죽이고
거짓을 말하고
주지 않은 것을 취하고
남의 아내를 범하고

247
곡식이나 과일로 빚은 술에
빠져버린 사람은
바로 이 세상에서
그 자신의 뿌리를 파고 있는 것과 같다

248
사람들아, 이와 같이 알아 두라
자제할 줄 모름은 악덕이니
탐욕과 부정으로 인해
오랜 괴로움을 받지 말라

249
사람은 자신이 믿는 것을 따르고
좋아하는 것에 따라 베푼다
남이 베푸는 음식에 만족할 줄 모르면
그는 마음의 안정을 얻을 수 없다

250
만일 이 불만의 생각을 끊어
뿌리째 없애버린 사람은
낮이나 밤이나 한결같이
마음의 안정을 누린다

251
정욕보다 더한 불길은 없고
성냄보다 더한 밧줄은 없으며
어리석음보다 더한 그물은 없고
헛된 집착보다 더한 강물은 없다

252
남의 허물은 보기 쉬워도
자기 허물은 보기 어렵다
남의 허물은 겨처럼 까불어 흩어 버리면서
자기 허물은 투전꾼이 나쁜 패를 감추듯 한다

253
남의 허물을 찾아내어
항상 불평을 품은 사람은
번뇌의 때가 점점 자란다
그의 번뇌는 자꾸만 불어간다

254
허공에는 자취가 없는데
바깥일에 마음을 빼앗기면
그는 수행자가 아니다
세상 사람들은 환상을 좋아하지만
진리를 터득한 사람들은 환상을 싫어한다

255

허공은 자취가 없는데
바깥일에 마음을 빼앗기면
그는 수행자가 아니다
이 세상에는 영원한 것이 없고
깨달은 사람에게는 흔들림이 없다

19
도와 하나된 사람

256
일을 잘 처리한다고 해서
공정한 사람은 아니다
옳음과 그름 이 두 가지를
잘 분별하는 이가 현명하다

257
강제가 아니고 정의와 순리대로
남을 인도하고
정의를 지키는 지혜 있는 사람을
도를 실천하는 사람이라고 부른다

258

말을 많이 한다고 해서
지혜로운 사람이 아니다
미움과 두려움에서 벗어나 고요한
그런 사람이 지혜로운 사람이다

259

말을 많이 한다고 해서
도를 실천하는 사람은 아니다
들은 것이 적더라도 직접 체험하고
진리에서 벗어나지 않음이
도를 실천하는 사람이다

260

머리카락이 희다고 해서
큰스승이 되는 것은 아니다
단지 나이만을 먹었다면
그는 부질없이 늙어버린 속빈 늙은이

261
진실과 진리와
불살생과 절제와 자제로써
더러운 때를 벗어버린 사람을
진정한 큰스승이라 한다

262
말을 그럴듯하게 잘하거나
용모가 번듯하다고 해도
질투 많고 인색하고 잘 속이는 사람은
훌륭한 인물이 아니다

263
질투와 인색함과 속임수를
뿌리째 뽑아 없애버리고
성냄에서 벗어난 사람을
훌륭한 인물이라 한다

264
마음에 뜻한 바 없고 거짓말하는 자는
머리를 깎았더라도 수행자가 아니다
욕망과 탐욕에 차 있는 자가
어찌 수행자이겠는가

265
작거나 크거나
악을 가라앉힌 사람은
모든 악을 가라앉혔기 때문에
수행자라고 부를 수 있다

266
걸식하는 그것만으로
수도승이라고 할 수는 없다
모든 진리를 몸에 익혀 수도승이 되는 것이지
걸식한다고 해서 그렇게 부를 수는 없다

267
이 세상에서 선도 악도 다 버리고
육체의 욕망을 끊어 순결을 지키고
신중하게 처세하는 사람을
진정한 수도승이라고 할 것이다

268
침묵을 지키더라도 어리석고 무지하면
성자가 될 수 없다
어진 이가 저울을 가지고 달 듯
선을 취하고 악을 피하면 그는 성자다

269
악을 물리치면 그것으로
그는 성자이다
선과 악 두 가지를 분별할 줄 알면
그것으로 그를 성자라 부른다

270
중생을 해치면
그는 성자가 아니다
중생을 해치지 않기 때문에
그를 성자라 한다

271
평범한 사람으로서는 맛보기 어려운
해탈의 기쁨을 나는 얻었노라
그러나 그것은 계율이나 서약에 의해서
또는 많은 지식에 의해서도 아니다

272
또는 명상에 잠겨 있더라도
홀로 누워 있더라도 얻기 어렵다
그러나 수행자여 방심하지 말라
마음속 번뇌가 다 끊어지기 전에는

20
대자유에 이르는 길

273
모든 길 가운데서
부처가 말한 여덟 가지 바른 길이 뛰어나고
모든 진리 가운데서
고통을 없애는 네 가지 진리가 뛰어나며
모든 덕 가운데서
욕망을 버리는 덕이 뛰어나고
모든 사람 가운데서
눈 밝은 이가 가장 뛰어나다

274
이것이 길이다
진리를 보는 눈을 맑게 하는 다른 길은 없다
그대들은 이 길을 따르라
이것은 악마를 어지럽힐 것이다

275

그대들이 이 길을 가면
괴로움은 없애게 되리라
나는 괴로움의 화살을 뺄 줄 알고
이 길을 열어 보여주었다

276

우리가 할 일은 끝없는 수행이다
진리를 체험한 사람들은 다만 그 길을
가리킬 뿐, 그 길에서 명상을 실천하는
수행자는 악의 사슬에서 벗어나리라

277

'모든 것은 덧없다'
지혜의 눈으로 이 이치를 볼 때
괴로움을 싫어하는 생각이 일어난다
이것이 맑음에 이르는 길이다

20
대자유에 이르는 길

273
모든 길 가운데서
부처가 말한 여덟 가지 바른 길이 뛰어나고
모든 진리 가운데서
고통을 없애는 네 가지 진리가 뛰어나며
모든 덕 가운데서
욕망을 버리는 덕이 뛰어나고
모든 사람 가운데서
눈 밝은 이가 가장 뛰어나다

274
이것이 길이다
진리를 보는 눈을 맑게 하는 다른 길은 없다
그대들은 이 길을 따르라
이것은 악마를 어지럽힐 것이다

275
그대들이 이 길을 가면
괴로움은 없애게 되리라
나는 괴로움의 화살을 뺄 줄 알고
이 길을 열어 보여주었다

276
우리가 할 일은 끝없는 수행이다
진리를 체험한 사람들은 다만 그 길을
가리킬 뿐, 그 길에서 명상을 실천하는
수행자는 악의 사슬에서 벗어나리라

277
'모든 것은 덧없다'
지혜의 눈으로 이 이치를 볼 때
괴로움을 싫어하는 생각이 일어난다
이것이 맑음에 이르는 길이다

278

'모든 것은 괴로움이다'
지혜의 눈으로 이 이치를 볼 때
괴로움을 싫어하는 생각이 일어난다
이것이 맑음에 이르는 길이다

279

'모든 것은 실체가 없다'
지혜의 눈으로 이 이치를 볼 때
괴로움을 싫어하는 생각이 일어난다
이것이 맑음에 이르는 길이다

280

노력할 때 노력하지 않고
젊고 힘이 있는데 게으름에 빠지고
의지나 생각이 나약한 사람은
밝은 지혜로도 길을 찾지 못한다

281
말을 삼가고 마음을 억제하고
몸으로 악한 일을 하지 말아야 한다
이 세 가지 덕으로 깨끗이 하라
그러면 옛 성인이 말씀한 그 길에 이르리라

282
명상에서 지혜가 생기고
명상이 없으면 지혜도 사라진다
생과 사의 두 길을 알고 지혜가 늘도록
자기 자신을 일깨우라

283
한 그루의 나무를 베는 것에 그치지 말라
숲을 베라
번뇌의 숲에서 두려움이 생기는 것이니
수행자들아 번뇌의 나무를 모두 베어
숲에서 벗어난 자가 되라

284
여자에 대한 남자의 욕정은
아무리 작더라도 끊어지기 전에는
그 사람의 마음을 매어 놓는다
송아지가 어미젖에 매달리듯이

285
자신의 욕정을 끊기를
가을 연꽃을 손으로 꺾듯 하라
고요에 이르는 길을 찾으라
대자유에 이르는 것은 부처가 가르쳐 주었다

286
장마철에는 여기서 살고
겨울과 여름에는 저기서 살자고
어리석은 자는 생각하지만
죽음이 가까운 줄 깨닫지 못한다

287
어린이나 가축에만 마음을 빼앗겨
거기에 집착한 사람은
죽음이 휩쓸어간다
큰 홍수가 잠든 마을을 휩쓸어가듯이

288
자식도 구할 수 없고
부모나 친척도 구할 수 없다
일가친척이라 할지라도
한번 죽음의 신에 붙잡히면 어쩔 수 없다

289
이 도리를 깨닫고
지혜로운 이는 계율을 지켜
대자유에 이르는 길을
서둘러 밝혀야 하리라

21
수행자가 사는 법

290
시시한 쾌락을 버림으로써
큰 기쁨을 얻을 수 있다면
지혜로운 이는 보다 큰 기쁨을 위해
시시한 쾌락을 기꺼이 버리리라

291
남에게 고통을 줌으로써
자신의 즐거움을 삼는 자는
원한의 사슬에 얽매여
벗어날 길이 없다

292
해야 할 일을 소홀히 여기고
해서는 안 될 일을 하면서
교만과 방종에 빠진 사람에게
번뇌는 점점 늘어만 간다

293
항상 이 몸의 정체를 생각하며
그 덧없음을 잘 알고
해서는 안 될 일은 하지 않으며
해야 할 일만을 꾸준히 하고
생각이 깊고 조심성 있는 사람에게서
번뇌는 점점 사라져 간다

294
어머니와 아버지를 죽이고
두 왕을 죽이고
국토와 그 국민을 멸망시키고도
수행자는 끄떡없이 나아간다

295
어머니와 아버지를 죽이고
두 왕을 죽이고
다섯 번째 호랑이를 죽이고도
수행자는 끄떡없이 나아간다

296
부처의 제자들은
언제나 깨어있고
밤이나 낮이나
부처를 생각한다

297
부처의 제자들은
언제나 깨어있고
밤이나 낮이나
부처의 가르침을 생각한다

298
부처의 제자들은
언제나 깨어있고
밤이나 낮이나
부처의 승단을 생각한다

299
부처의 제자들은
언제나 깨어있고
밤이나 낮이나
육신의 덧없음을 생각한다

300
부처의 제자들은
언제나 깨어있고
밤이나 낮이나 불살생으로
그 마음이 즐겁다

301
부처의 제자들은
언제나 깨어있고
밤이나 낮이나 명상으로
그 마음이 즐겁다

302
출가 생활은 힘들어
즐거움을 얻기 어렵다
집에서 사는 것도 힘들고 괴롭다
마음에 맞지 않는 무리와
사는 일 또한 괴롭다
무엇을 찾아나서도 괴로움을 만난다
그러므로 방황하는 나그네가 되지 말라
그러면 고통에 떨어지지 않으리라

303
믿음이 있고 덕행을 갖추고
명성과 번영을 누리는 사람
그런 사람은 언제 어디서나
존경을 받는다

304
어진 사람들은 히말라야처럼
멀리서도 빛난다
못된 사람은 밤에 쏜 화살처럼
가까이서도 보이지 않는다

305
홀로 앉고 홀로 눕고
홀로 다녀도 지치지 않고
자신을 억제하며
숲속에서 홀로 즐기라

22
지옥은 어디에

306
거짓말하는 자 지옥에 떨어진다
거짓말을 했으면서
'나는 하지 않았다'고 말하는 자도
지옥에 떨어진다
그런 사람들은 죽은 후
저 세상에서도 똑같은 짓을 한다

307
승복을 머리에서부터 덮어 쓰더라도
성질이 나쁘고
조심성 없는 사람이 많으니
이런 사람은 자신의 악행으로
지옥에 떨어진다

308

계율은 지키지 않고
절제하지 않은 채
남이 바치는 것을 받아쓰기보다는
차라리 불에 달궈진 쇳덩이를 삼키라

309

방탕하여 남의 아내를 유혹하는 자는
다음 네 가지 일과 만난다
화를 불러들이고
편히 잠들 수 없으며
비난을 받고 지옥에 떨어진다

310

화를 스스로 불러들이고 지옥에 떨어지고
두려운 가운데 늘 조마조마하고
나라에서도 무거운 벌을 내린다
그러니 남의 아내와 가까이 말라

311
억새풀도 잘못 만지면
손을 베듯이
수행자가 그릇된 짓을 하면
지옥이 그를 끌어들인다

312
행동을 함부로 하고
맹세를 더럽히고
마지못해 수도하는
이런 사람에게는 보상이 없다

313
해야 할 일이 있다면
선뜻 나서서 부지런히 힘쓰라
집 떠나서도 게으르면
도리어 더러운 먼지를 뿌리게 된다

314
해서는 안 될 일은 하지 않는 게 상책
악행은 뒤에 가서 뉘우친다
해야 할 선행은 하는 게 상책
선행은 훗날에도 후회가 없다

315
변두리에 있는 성을 안팎으로 지키듯이
한순간도 놓치지 말고 자신을 지켜라
한번 기회를 놓치게 되면
지옥에 떨어져 비탄에 잠기리라

316
부끄러워하지 않을 일을 부끄러워하고
부끄러운 일을 부끄러워하지 않는
잘못된 생각을 가진 자들은
악한 곳으로 떨어진다

317
두려울 것이 없는데 두려워하고
두려움이 있는데 두려워하지 않는
잘못된 생각을 가진 자들은
악한 곳으로 떨어진다

318
죄가 없는데 있다 생각하고
죄가 있는데 없다 생각하는
잘못된 생각을 가진 자들은
악한 곳으로 떨어진다

319
죄가 있으니 있는 줄 알고
죄가 없으니 없는 줄 아는
바른 생각을 가진 사람들은
착한 곳에 이르리라

23
자신을 잘 다루는 사람

320
싸움터에서 화살을 맞고도
참고 견디는 코끼리처럼
나도 비난을 견디리라
사람들 중에는 질이 나쁜
무리도 있으니까

321
길들인 코끼리를 싸움터로 끌고 가고
왕도 길들인 코끼리를 탄다
비난을 참고 견디는 데 익숙한 이는
사람 가운데서 가장 뛰어난 사람이다

322
길들인 당나귀도 좋다
인더스 산의 명마도 좋다
전쟁용 큰 코끼리도 좋다
그러나 자신을 다루는 사람은 더욱 좋다

323
당나귀나 말이나 코끼리도
사람이 가지 못하는 곳에는 갈 수 없다
오직 잘 다루어진 자기를 탄 사람
그 사람만이 거기에 갈 수 있다

324
'재산을 지키는 자'로 불리는 코끼리는
발정기가 되면
관자놀이에서 독한 진액을 분비한다
사나워 다루기가 아주 힘들고
잡혀도 전혀 먹이를 먹지 않는다
그는 오로지 숲속만을 생각하기 때문이다

325
빈둥거리면서 먹기만 하고
잠만 자고 있는 어리석은 자는
사육하는 살찐 돼지와 같아
몇 번이고 태 안에 드나들면서 윤회하리라

326
예전에 이 마음은
좋아하는 대로 원하는 대로
쾌락을 따라 헤매었다
그러나 이제는 나도 내 마음을 다잡으리
갈고리를 쥔 코끼리 조련사가
발정기의 코끼리를 다루듯 하리

327
방종하지 말고
자기 마음을 지켜라
늪에 빠진 코끼리처럼
어려운 곳에서 자기를 구하라

328
생각이 깊고 총명하고 성실한
지혜로운 도반이 될 친구를 만났거든
어떤 어려움이 있더라도 극복하고
마음을 놓고 기꺼이 함께 가라

329
그러나 생각이 깊고 총명하고 성실한
지혜로운 도반이 될 친구를 못 만났거든
정복한 나라를 버린 왕처럼
숲속을 다니는 코끼리처럼 홀로 가라

330
홀로 살아감은 뛰어난 것
어리석은 자와 벗하지 말라
못된 짓을 하지 말라
숲속의 코끼리처럼 욕심 없이 홀로 가라

331
일이 생겼을 때 벗이 있음은 즐겁고
만족은 어떤 경우에나 즐겁다
착하게 살면 죽는 순간에도 즐겁고
모든 고통에서 벗어나는 것은 즐겁다

332
이 세상에서 어머니를 공경함은 즐겁고
아버지를 공경함도 즐겁다
수행자를 공경함도 즐겁고
수도승을 공경함도 즐겁다

333
늙을 때까지 계율을 지키는 일 즐겁고
믿음이 뿌리 깊게 내리는 일 즐겁다
밝은 지혜를 얻는 일 즐겁고
온갖 나쁜 일 벗어남도 즐겁다

24
욕망을 알아차림

334

방탕한 자의 욕망은
칡덩굴처럼 무성하게 자란다
숲속에서 열매를 찾아 나선 원숭이처럼
이승에서 저승으로 끝없이 헤맨다

335

이 세상에서 천박한 집념과
불타는 욕망에 정복된 사람은
근심 걱정이 쉬지 않고 자란다
비 맞아 무성한 비라나 풀처럼

336
이 세상에서 천박하고
불타는 욕망을 억제한 사람은
온갖 근심 걱정이 말끔히 사라지리라
물방울이 연잎에서 떨어지듯이

337
여기 모인 그대들에게 알린다
우시라 향을 얻기 위해
비라나 풀을 캐는 것처럼
욕망의 뿌리를 캐어내라
그리고 갈대가 물결에 꺾이듯이
악마에게 꺾이지 않도록 하라

338
나무가 잘려 나가도
뿌리가 깊으면 새 움이 돋아나듯
욕망의 뿌리를 뽑아내지 않으면
생사의 고통은 자꾸만 되풀이된다

339
쾌락으로 흘러가는
서른여섯 개의 거센 물결로 된
잘못된 생각을 가진 사람은
탐욕에 덮인 야망의 물결에 휩쓸린다

340
모든 욕망의 물결은 사방으로 흐르고
쾌락의 덩굴은 이리저리 뻗는다
덩굴이 뻗어가는 줄 알고 있다면
지혜의 칼로 그 뿌리를 도려내라

341
인간의 쾌락은 지나치기 쉬워
그 애착은 축축하게 젖는다
환락에 빠져 쾌락을 찾는 사람은
삶과 늙음의 괴로움을 받는다

342
육체의 욕망에 사로잡힌 사람들은
함정에 빠진 토끼처럼 맴돈다
속박과 집착의 그물에 걸려
두고두고 괴로움을 받는다

343
육체의 욕망에 사로잡힌 사람들은
함정에 빠진 토끼처럼 맴돈다
그러나 수행자는 자신의 분수를 알고
육체의 욕망을 털어버린다

344
욕망의 숲을 버리고 나왔으면서
다시 욕망의 숲에 마음을 기울이고
욕망의 숲에 벗어났으면서
또다시 욕망의 숲으로
달려가는 사람을 보라
그는 겨우 속박에서 벗어났다가
다시 속박으로 되돌아간다

345
지혜로운 이는 쇠와 나무와 풀로 엮은
그 같은 사슬을 강하다고 하지 않는다
보석이나 귀걸이나 팔찌를 가지고 싶듯이
자식과 아내에 대한 집착을 강하다고 한다

346
지혜로운 이는 무겁고 풀기 힘든
그런 속박을 강하다고 한다
사슬을 끊고 나서 미련이 없는 사람은
애정과 욕망을 버리고 수행자의 길을 간다

347
애정에 걸려있는 자는
욕망의 흐름을 따라간다
거미가 자신이 만든 줄에 매달리듯이
그러나 지혜로운 사람은
탐욕과 집착을 끊고 온갖 고뇌도 떨쳐버리고
미련 없이 훨훨 떠나간다

348
앞과 뒤를 버리고 중간을 버려라
생사의 저쪽 기슭에 이른 사람은
모든 것에서 마음이 벗어났으니
다시는 삶과 늙음의 업보를 받지 않으리라

349
의혹으로 마음이 어지럽고
끈질긴 집착에 얽혀
욕망을 깨끗하다고 보는 사람은 갈수록
집착이 늘어나 속박의 끈이 조여온다

350
의혹이 사라짐을 기뻐하고
부정한 것을 부정하게 보고
항상 생각이 깊은 사람은
악의 속박을 함께 끊을 것이다

351
깨달음에 이르러 두려움이 없고
욕망도 죄도 없는 사람은
이미 생사의 화살을 꺾었다
이것이 마지막 몸이다

352
욕망을 떠나 집착도 없고
경전의 말씀과 그 뜻을 꿰뚫어
문장과 그 맥락을 알고 있으면
그는 마지막 몸을 가진 사람
그를 가리켜 크게 지혜로운 이
또는 뛰어난 인물이라 부른다

353
나는 모든 것을 이겼고 모든 것을 알았으며
무엇으로도 더럽힐 수 없다
모든 것을 버렸고 집착도 다해
마음은 평화롭다
스스로 깨달았으니 누구를 스승이라 부르리

354
진리를 베푸는 것이 최고의 베풂이고
진리의 맛은 맛 중의 맛이다
진리의 즐거움은 즐거움 중 으뜸이고
욕망의 소멸은 모든 괴로움을 이긴다

355
쾌락은 어리석은 자를 멸망케 하지만
생사의 저쪽 기슭으로 가는 이를
해칠 수는 없다
어리석은 자는 쾌락의 욕망으로
남과 함께 스스로를 망친다

356
잡초는 논밭을 망치게 하고
욕정은 사람들을 망치게 한다
욕정이 없는 이에게 바치는 공양은
큰 보상을 가져오리라

357
잡초는 논밭을 망치게 하고
성냄은 사람들을 망치게 한다
성냄이 없는 이에게 바치는 공양은
큰 보상을 가져오리라

358
잡초는 논밭을 망치게 하고
어리석음은 사람들을 망치게 한다
어리석음이 없는 이에게 바치는 공양은
큰 보상을 가져오리라

359
잡초는 논밭을 망치게 하고
욕망은 사람들을 망치게 한다
욕망이 없는 이에게 바치는 공양은
큰 보상을 가져오리라

25
대자유에 이른 사람

360
눈을 자제하는 것은 착한 일이고
귀를 자제하는 것은 착한 일이다
코를 자제하는 것도 착한 일이고
혀를 자제하는 것도 착한 일이다

361
육신을 자제하는 것은 착한 일이고
말을 자제하는 것도 착한 일이다
생각을 자제하는 것도 착한 일이고
모든 것을 자제하는 것 또한 착한 일이다
모든 것을 자제하는 수행자는
온갖 괴로움에서 벗어나리라

362
손을 삼가고 발을 삼가고
말을 삼가고 지극히 삼가고
안으로 기뻐하고 마음이 안정되고
홀로 넉넉한 줄 아는 사람을 수행자라 부른다

363
혀를 조심하고 생각을 깊이 하여 말하고
잘난 체 하지 않고
인생의 목적과 진리를 밝히는
수행자의 설법은 감미롭다

364
진리를 즐기고 진리를 기뻐하고
진리에 따라 명상하고
진리를 따르는 수행자는
바른 진리에서 벗어나지 않는다

365
자기가 얻는 것을 가볍게 여기지 말라
남을 부러워하지도 말라
남을 부러워하는 수행자는
마음의 안정을 얻지 못한다

366
비록 적게 얻었더라도
얻은 것을 가볍게 여기지 않은 수행자는
신들도 칭찬할 것이다
그의 깨끗하고 게으르지 않은 생활을
보았으니

367
몸과 마음에 내 것이란 생각 없고
그것이 없어진다고 해서
조금도 걱정하지 않는 사람
그를 진정한 수행자라 부른다

368
자비로운 생활을 하고
부처의 가르침을 믿는 수행자는
고요를 얻고 윤회가 멎은
축복받은 대자유에 이르리라

369
수행자여, 배 안에 스며든 물을 퍼내라
배가 가벼워 속력이 빨라질 것이다
이와 같이 탐욕과 성냄을 끊어버리면
그대는 마침내 대자유의 기슭에 닿게 되리라

370
다섯 가지 집착을 끊어버리고
다섯 가지 집착을 던져버리고
또다시 다섯 가지 집착을 극복하라
이 다섯 가지 집착을 초월한 수행자는
거센 바다를 건넌 사람이다

371
수행자들이여, 명상하라
되는 대로 지내지 말라
마음을 욕정의 대상에 두지 말라
방탕한 나머지 지옥에 떨어져
뜨거운 쇳덩이를 삼키지 말라
지옥불에 타면서 괴롭다고 고함치지 말라

372
지혜가 없는 자에게는 깊은 명상이 없고
깊은 명상이 없는 자에게는 지혜 또한 없다
지혜와 깊은 명상을 갖춘 사람은
절대 자유에 가까워진 것이다

373
인기척 없는 빈집에 들어가
마음을 가라앉히고
바른 진리를 관찰하는 수행자는
인간을 초월한 기쁨을 누린다

374
이 몸은 거짓으로 이루어진 것
있다가 없어지는 것인 줄 알면
마음은 깨끗한 즐거움에 잠기어
절대 자유의 기쁨을 맛볼 것이다

375
지혜로운 수행자가 처음 할 일은
감각을 지키고 만족할 줄 알고
계율에 따라 절제하고
맑고 부지런한 친구와 사귀는 일이다

376
그리고 항상 친절하라
우정을 다하고 착한 일 하라
그러면 기쁨에 넘쳐
괴로움을 말끔히 없애게 되리라

377
자스민 꽃이
시든 꽃잎을 떨쳐 버리듯이
수행자여
탐욕과 성냄을 떨쳐 버려라

378
행동이 진지하고 말씨가 조용하며
마음이 안정되고
세상의 쾌락을 버린 수행자를
'대자유에 이른 사람'이라 부른다

379
스스로 자신을 일깨우라
스스로 자신을 되돌아보라
자신을 지키고 반성하면
그대는 평화롭게 살게 되리라

380
자기야말로 자신의 주인이고
자기야말로 자신이 의지할 곳
그러니 말장수가 좋은 말을 다루듯이
자기 자신을 잘 다루라

381
부처의 가르침을 따르는 수행자는
기쁨에 넘쳐 고요하며
생사윤회가 멎은
절대 평화의 경지에 이를 것이다

382
비록 나이가 어리더라도
부처의 가르침에 전념하는 수행자는
이 세상을 밝게 비추리라
구름에서 벗어난 달처럼

26
그가 바로 수행자

383
수행자들아,
단호하게 욕망의 흐름을 끊어라
육체의 욕망을 버려라
모든 것이 다 사라진다는 걸 알면
사라짐이 없는 대자유의
경지를 알게 될 것이다

384
수행자가 만일 두 가지 법으로
생의 저쪽 기슭에 이르렀다면
이 지혜로운 이에게서
온갖 속박은 사라질 것이다

385
이쪽 기슭도 없고 저쪽 기슭도 없고
두려움도 없고 속박도 없는 사람을
나는 진정한 수행자라 부른다

386
마음이 안정되어 갈등 없이 편히 살며
할 일을 다 해 번뇌가 없고
최고의 목적에 도달한 사람을
나는 수행자라 부른다

387
태양은 한낮에 빛나고
달은 한밤에 빛나며
무사들은 갑옷에서 빛나고
수행자는 명상으로 빛난다
그러나 부처는
자비스런 광명으로 항상 빛난다

388
악에서 벗어났기 때문에 수행자라 하고
행동이 고요하기 때문에 수행자라 하며
자신의 때를 씻어버렸기 때문에
출가자라 한다

389
수행자를 때리지 말라
수행자는 맞아도 거역하지 않는다
수행자를 때리면 재앙이 온다
그러나 맞고서 성을 내어도 재앙이 온다

390
수행자가 쾌락으로부터
마음을 억제한다면 큰 보상이 있다
남을 해치려는 마음이 적을수록
고뇌도 가라앉으리라

391
몸과 말과 생각으로
나쁜 짓 하지 않고
이 셋을 잘 억제하는 사람을
나는 수행자라 부른다

392
바르게 깨달은 분께서 말씀한 가르침을
어떤 사람에게서 배웠든지
그 사람을 공손히 받들어라
수행자가 제사 때 불을 공경하듯이

393
머리의 꾸밈새와 가문이나 태생에 의해
수행자가 되는 것은 아니다
진실과 진리를 가진 자 그는 평화롭다
그를 또한 수행자라 한다

394
어리석은 자여,
머리의 모습이 무슨 소용인가
가죽옷을 입고 어쩔 셈인가
그대의 속은 더러운 밀림
거죽만 그럴듯하게 치장했구나

395
다 해진 누더기를 걸치고
여위어 앙상하게 힘줄이 드러나 있고
홀로 숲속에서 명상에 깊이 잠겨있는 이
그를 나는 수행자라 부른다

396
수행자 집안의 어머니에게서 태어나고
수행자 집안의 아버지에게서 태어난 이를
나는 수행자라 부르지 않는다

그는 차라리 귀족이라 불러야 한다
그는 자기 소유물에 얽매어 있다
아무것도 가진 것 없어
집착이 없는 사람
그를 나는 진정한 수행자라 부른다

397
모든 속박을 끊어버리고
두려워하지 않고
집착을 초월한 사람
그를 나는 수행자라 부른다

398
노끈과 밧줄과 쇠사슬을
말안장과 함께 끊어버리고
장애물을 없애 깨달은 이
그를 나는 수행자라 부른다

399
모욕과 학대와 투옥에도
성내지 않고 견뎌내는 사람
인내력이라는 강한 군대를 가진 이
그를 나는 수행자라 부른다

400
성내지 않고 종교적 의무를 다하고
도덕적 규율을 지키고 맑고 순수하며
이번 생의 몸이 마지막 몸인 사람
그를 나는 수행자라 부른다

401
연잎의 물방울이나
바늘 끝의 겨자씨처럼
어떠한 욕망에도 매이지 않는 사람
그를 나는 수행자라 부른다

402
이 세상에서
그의 고통이 다 끝난 줄 알고
무거운 짐을 내려놓고 초연한 사람
그를 나는 수행자라 부른다

403
지혜가 깊어 현명하고
바른 길과 그른 길을 분별하고
최고의 목적에 도달한 사람
그를 나는 수행자라 부른다

404
집에서 사는 이든 출가자이든
아무하고도 사귀지 않고
집 없이 다니며 욕심 적은 사람
그를 나는 수행자라 부른다

405
약한 것이든 강한 것이든
살아있는 것에 폭력을 쓰지 않고
죽이거나 죽게 하지 않는 사람
그를 나는 수행자라 부른다

406
미움을 가진 무리 속에 있으면서도
미움이 없고
난폭한 무리 속에 있으면서도
마음 편하고
집착하는 무리 속에 있으면서도
집착하지 않는 사람
그를 나는 수행자라 부른다

407
탐욕과 성냄과 자만과 위선이
바늘 끝의 겨자씨처럼
떨어져나간 사람
그를 나는 수행자라 부른다

408
거칠거나 속되지 않고
분명하게 진실을 말하고
말로써 사람의 감정을
상하게 하지 않는 사람
그를 나는 수행자라 부른다

409
이 세상에서 길거나 짧거나
작든 크든 깨끗하든 더럽든
주지 않는 것은 갖지 않는 사람
그를 나는 수행자라 부른다

410
이 세상이나 저 세상에서
바라는 것 없고 기대도 없고
사로잡히지도 않는 사람
그를 나는 수행자라 부른다

411
아무런 집착도 없고
다 깨달아 의혹이 없고
죽음 없는 경지에 이른 사람
그를 나는 수행자라 부른다

412
이 세상에서 선악을 다 버리고
집착을 초월해 근심이 없고
더러움 없이 맑은 사람
그를 나는 수행자라 부른다

413
달처럼 깨끗하고
흐림 없이 맑고
쾌락이 일지 않게 다 없앤 사람
그를 나는 수행자라 부른다

414
이 험하고 힘든 길
윤회와 미혹을 넘어
삶의 저쪽 기슭에 이르러 마음이 안정되고
욕심 없고 의혹 없고
집착을 떠나 마음 편한 사람
그를 나는 수행자라 부른다

415
이 세상의 욕망을 모두 끊어버리고
집을 떠나 방랑을 하고
욕망의 생활을 청산한 사람
그를 나는 수행자라 부른다

416
이 세상의 집착을 모두 끊어버리고
집을 떠나 방랑을 하고
집착의 생활을 청산한 사람
그를 나는 수행자라 부른다

417
인간 세상의 모든 인연을 끊고
천상의 인연도 초월하고
온갖 인연에 얽매이지 않는 사람
그를 나는 수행자라 한다

418
즐거운 일과 괴로운 일 다 버리고
늘 깨어있어 번뇌가 없고
이 세상의 모든 것을 이긴 사람
그를 나는 수행자라 한다

419
중생의 삶과 죽음을 알고
집착하지 않고
바르게 살고 깨달은 사람
그를 나는 수행자라 부른다

420

번뇌가 다해
신도 귀신도 사람들도 그 자취를 알 수 없는
존경받을 자격을 갖춘 사람
그를 나는 수행자라 부른다

421

앞에도 뒤에도 중간에도
아무것도 가진 것 없고
빈손으로 집착이 없는 사람
그를 나는 수행자라 부른다

422

황소처럼 씩씩하고 기품 있고 늠름하며
큰 현자며 승리자며
욕심 없고 때를 씻어버린 사람
그를 나는 수행자라 부른다

423

전생 일을 알고 천상과 지옥을 보고
다시 태어날 일이 없는 지혜의 완성자
모든 것을 깨닫고 성취한 사람
그를 나는 수행자라 부른다

수고하셨습니다.

당신의 마음,
지금 아름다운 변화가 있었나요?